あたらしい韓国料理

キム・ナレ

主婦と生活社

はじめに

毎日ごはんを作り続けるのは、大変なことです。献立を考え、買い物に行き、料理をして、片づけをする。そしてまた明日の献立を考える。でも、このくり返しの中、私たちの食卓には無限の可能性が広がっています。

この本では、みなさんの頭にパッと思い浮かぶような伝統的な韓国料理からは少し離れて、普段の食卓にさりげなくなじむ〝あたらしい形の〟韓国料理をご紹介しています。日常に溶け込む家庭料理から、簡単だけれどテーブルを彩る小さな一品、特別な日に挑戦したい本格的な料理まで、さまざまなレシピを考えました。よく「ナレちゃんは毎日、韓国料理を作っているの？」と聞かれますが、わが家では和食の日もあれば洋食、中華、国籍不明な日などさまざまです。それでも、「あともう一品ほしいな」と思ったとき、私が思い浮かべるのは、やはり韓国料理。子どもの頃から食べ慣れてきた家庭料理の温もりと、シンプルながらも食材の豊かな味わいを感じられるからです。

私がずっと作り続けてきたもの、地方で食べておいしかったもの、古文で書かれた何百年以上も昔のレシピ。そういったものを参考に、手に入りやすい食材で、ご家庭でも作りやすく、時間がないときにも少ない手間で本格的な味わいを再現できるよう工夫しました。この「あたらしい韓国料理」が、みなさんの毎日のごはんに役立つといいな、と心から願っています。

遅い時間まで働く方や、家族のために毎日の食事を作る方、料理が趣味の方、料理の本を見るのが好きな方など、多くの方にとってこの本が楽しみのひとつになれば、うれしいです。ときには時間をかけて、ときには手抜きで。ときには誰かのために、そしてときには自分のために台所に立って、自分が喜ぶようなごはんを作ってほしいなぁと思います。その一皿を通じて、日々の小さな幸せを見つけ出し、豊かな食生活を楽しんでほしい。息抜きをしたり、自分を癒してあげたり、自分をほめてあげたりして、料理をする時間がみなさんにとって幸せなものでありますように――。この本が、みなさんのキッチンに新たな風を吹き込み、日々の料理時間をより特別なものに変える一助となれば幸いです。

キム・ナレ

目次

002 はじめに

006 この本の決まりごと／だしのこと

一章 こんな日は

くり返し作る味と季節のごちそう

008 曇った朝の「スジェビ」

えごま粉ときのこのすいとん —— 010

トマトと卵のすいとん —— 011

012 うちに餃子、食べにこない？

キムチ餃子 —— 013

014 母の味が恋しいときは

みそチゲ —— 016

豆腐のえごま油焼き —— 016

黒豆ごはん —— 017

018 疲れた日は、手抜きでいい

豆もやしの辛いプルコギと〆の焼きめし —— 019

020 友人を招いた日は

豚カルビ —— 021

豚カルビといっしょに食べたいもの —— 022

玉ねぎのたれ／サムジャン／大根の甘酢漬け

024 ざあざあ、雨の日はチヂミ

韓国かぼちゃのチヂミ —— 026

じゃがいもとよもぎのジョン —— 027

028 ストレス多めの日は、辛いもので発散！

すくって食べるトッポッキ —— 029

030 今日もお疲れさま、私！

参鶏湯 —— 032

034 春のごちそう

アスパラガスとごぼうのチャプチェ —— 035

新ごぼうと豆腐のキンパ —— 036

魚のユッケ風 —— 038

039 夏のごちそう
きゅうりのピョンス 040
揚げなすのヤンニョムチキン風 041

042 秋のごちそう
きのこ鍋 043
豆腐チョリム 044
カンジャンセウジャン 045

046 冬のごちそう
トンチミ 047
牡蠣と金柑のキムチ 048
ねぎプルコギ 049
冷麺 050

二章　韓国調味料が残ったら

あたらしいおいしさ新発見

コチュジャン
コチュジャンそぼろ丼 052
シーフードリゾット 053

えごま粉
えごま粉の肉じゃが 054
えごま粉ソースのニョッキ 055

唐辛子粉
アボカドときゅうりのサラダ 056
ピーナッツ辣油の麻婆豆腐 058
ピーナッツ辣油 059

ゆず茶
ゆず茶ドレッシングのサラダ 060
青菜のゆず茶白あえ 061

魚醤
だし巻き卵 062
豆腐のスープ 063

なつめ
なつめの赤いプルコギ 065
なつめ茶 066

三章　食卓の小さな主役たち

料理教室で人気のおまけレシピ

にんじんの酢キムチ 068
ほうれん草と煮干しのナムル 069
ほうれん草とにんじんのナムル 070
きゅうりと玉ねぎのナムル 070
エリンギのナムル 070
ねぎとわかめのあえもの 072
じゃがいもといんげんの炒めもの 073
野菜巻き大根キムチ 074
じゃがいもの酢のもの 076
れんこんと梨の冷菜 077
蒸し鴨肉 078
どんぐりムック 080

いつも、私を助けてくれるものたち

082 使いきれない野菜は、干したり、漬けたり
干し大根の梅煮 — 084
半干し大根のサラダ — 085
干しりんごと青菜のナムル — 086
干し菊いものチャンアチ — 086
干しきゅうりのチャンアチ — 086

088 ふと、自分をほめたくなる冷蔵庫ストック
鶏肉の塩水漬け — 090
トックの水漬け保存 — 091
にらジャン — 092
塩しょうが — 092
梅コチュジャン — 093
梅みそ — 093

094 韓国の食材と調味料のこと

［この本の決まりごと］

・小さじ1は5㎖、大さじ1は15㎖、1カップは200㎖、1合は180㎖です。
・野菜やくだものは、特に記載のない限り、水で洗う、皮をむく、ヘタや種、筋を除くなどの作業をすませてからの手順を表記しています。
・肉は、具体的な部位の記載がない場合、好みの部位を選んでください。
・電子レンジは600Wのものを使用しました。加熱時間はおおよその目安です。調理器具や熱源に合わせ、加減してください。
・塩はすべて精製されていないものを使い、粒子の細かい「塩」、粒が大きい「天日塩」（太陽の熱のみで結晶化させたもの）を使い分けています。「塩」は下ごしらえや調味に、「天日塩」はゆっくり煮込む料理や漬けものなどに使います。
・塩は多くを「適量」としています。季節やご自分の体調に合わせて、自分が「おいしい」と感じる量に加減しましょう。臆せず何度も味見をすることが、料理の上達にもつながります。
・韓国料理に欠かせないのが、風味づけの「ごま油」と、あっさりしつつ香ばしい「えごま油」。炒めものや揚げものにはクセのない「米油」を使っていますが、好みの植物油でかまいません。
・そのほか、基本の調味料については、p.94でご紹介しています。

［だしのこと］

この本では、雑味が少なく、すっきりとした味わいに仕上がる「水だし」を使用しています。

・煮干しだし
煮干し30gはフライパンでからいりし、昆布5～7gとともに保存容器に入れ、水700㎖を注ぐ。冷蔵庫でひと晩以上おき、3日以内に使いきる。

・かつおだし
保存容器にかつお節25g、昆布5～7gを入れ、水700㎖を注ぐ。冷蔵庫でひと晩以上おき、ざるで漉す。3日以内に使いきる。

☆いずれも3日以内に使いきれない場合は、製氷器に入れ、凍らせて保存するとよい。

一章　こんな日は

くり返し作る味と季節のごちそう

くる日もくる日も、作り続けていく料理。
だからこそ、自分の心と体に寄り添うものを
作ることが大切だと思っています。
肌寒い朝は、心がほっと落ち着くものを。
忙しい日は、簡単だけれど体がゆるむようなものを。
親しい友人が訪ねてきたら、
少し気分が上がるものがいいですね。
私が長年作り続けている
「こんな日に作りたい」定番料理をご紹介します。

曇った朝の「スジェビ」

曇った朝の「スジェビ」

SNSチェックよりも、天気予報を見るほうが多い私。「明日は一日、どんより曇って肌寒そう」と知った夜は、翌朝のために「スジェビ（수제비）」の生地を準備します。

「スジェビ」とは、すいとんのこと。やわらかな小麦粉の生地を、手でちぎってのばしながらスープに落としていきます。つるんとしたのど越しで、韓国では昔から老若男女に愛されてきたおなじみの家庭料理。市場には専門の食堂もあるほどです。

赤ちゃんのほっぺみたいにもちっとした生地は、作るのにたいして手がかからないし、こねているだけで癒されます。成形も「きれいに作らなきゃ」と気負わなくてよく、むしろ厚いところと薄いところと、不揃いなくらいのほうが、いろんな食感を楽しめます。

おおらかな気持ちで作り、身も心も温まりましょう。

えごま粉ときのこのすいとん

えごま粉と米粉を加えることでとろみがつき
きのこから出たうまみが合わさって
なんとも滋味深い味わいに仕上がります。
「想像以上にやさしい味」と驚かれるスジェビです。

材料（作りやすい分量）

A
- 中力粉（✩）…100g
- 塩…小さじ½
- 水…60㎖

きのこ（しいたけ、まいたけ、しめじなど好みで）…合わせて200g
煮干しだし（→p.6参照）…3カップ
えごま粉…大さじ2
米粉…大さじ1
薄口しょうゆ…小さじ1
塩…適量

✩強力粉と薄力粉を同量ずつ混ぜ合わせてもよい。

作り方

① ボウルにAを入れ、よくこねてひとまとめにする。ラップで包み、冷蔵庫で30分以上休ませる（食べる前に、生地は常温に戻しておく）。
② きのこは食べやすい大きさに手でさく。
③ 鍋にだしを入れて中火にかけ、煮立ったら**2**を加えて3分ほど煮る。**1**の生地を2㎝くらいずつ手でちぎり、両手の指で平らにのばしながら落とし入れる。
④ ボウルにえごま粉、米粉、**3**の煮汁を1カップほど入れ、ダマにならないようによく混ぜる。
⑤ **3**のすいとんが浮かんできたら**4**を加え、とろみをつける。薄口しょうゆ、塩で味をととのえる。

トマトと卵のすいとん

トマトと卵は、大好きな組み合わせ。だしとトマトのうまみがあるおかげで、塩味を強く効かせなくても、充分おいしいです。辣油を少したらすのもおすすめ。

材料（作りやすい分量）

A
- 中力粉（☆）…100g
- 塩…小さじ½
- 水…60ml

トマト（完熟）…1個
卵…1個
かつおだし（→p.6参照）…3カップ
薄口しょうゆ…小さじ1
塩…適量

☆強力粉と薄力粉を同量ずつ混ぜ合わせてもよい。

作り方

① 「えごま粉ときのこのすいとん」（→p.10）の作り方**1**と同様にすいとん生地を作る。

② トマトは4等分に切る。卵はよく溶く。

③ 鍋にだしを入れて中火にかけ、煮立ったらトマトを加える。トマトがやわらかくなったらスプーンの背でつぶす。

④ **1**の生地を2cmくらいずつ手でちぎり、両手の指で平らにのばしながら**3**に落とし入れる。浮かんできたら卵をまわし入れ、薄口しょうゆ、塩で味をととのえる。

うちに餃子、食べにこない？

「うちに餃子を食べにこない？」と誘われたら、「行く行く！」と、笑顔になってしまうのは日本も韓国も同じです。

日本では焼き餃子や水餃子が一般的ですが、韓国の餃子「マンドゥ（만두）」は、「蒸し」が主流です。ゆでるとどうしても味が薄まりますが、蒸すなら味の変化は最小限。なので私は、しっかり肉だねの味を決めてから蒸すのが好き。

日本の友人はたれをつけようとするけれど、餃子だけで味が完成しているから、なにもつけずに食べるのがナレ式です。蒸したてアツアツを、せいろごとテーブルに運びましょう。

「いつの日か、マンドゥ屋をオープンするのが夢」と話すと笑われることも多いのですが、私はいたって本気（笑）。そのくらいマンドゥには思い入れがあるのです。

キムチ餃子

キムチの辛みとうまみで味つけした蒸し餃子。
蒸している途中、皮が乾くようなら
霧吹きをかけて、水分を補ってあげましょう。

材料（20個分）

豚ひき肉…200g
長ねぎ（白い部分）…1本分
白菜キムチ…80g

A
唐辛子粉…小さじ½
しょうゆ…小さじ2
オイスターソース…小さじ1
ごま油…大さじ½
おろしにんにく・おろししょうが…各少々

黒こしょう…少々
塩…適量
餃子の皮…大20枚

作り方

① ねぎは粗みじん切りに、キムチは汁けを絞って粗みじん切りにする。
② ボウルにひき肉、**1**、Aを入れてよく混ぜる。親指の爪ほどの大きさをフライパンで焼き（または電子レンジで20〜30秒加熱して）味見をする。足りなければ、塩（分量外）で味をととのえる。冷蔵庫に20〜30分おき、味をなじませる。
③ 餃子の皮に**2**を等分にのせ、皮の端に水をつけて半分に折りたたみ、半月型にする。続けて両端を手前で重ね、水をつけてとめ、帽子型にする。せいろにオーブンシートを敷き、餃子を並べる。
④ 深めの鍋にたっぷりの湯を沸かし、蒸気が上がったら**3**をのせ、強めの中火で8〜10分蒸す。餃子の皮が透き通ってきたら、火から下ろす。

母の味が恋しいときは

韓国にいる家族と長く離れて日本に住む私ですが、ときどき無性にお母さんの手料理が食べたくなるときがあります。

　韓国には「母の手が大きい」という表現がありますが、これは「母は一度にたっぷりの量の料理を作る」という意味。「おなかいっぱい食べてね」と、いろんなおかずをたくさん供することが、お母さんたちの愛情やおもてなしの形なのです。

　心が弱ったときは「母の味」を思い出し、具だくさんのチゲと滋養のあるごはん、それにナムルやキムチなど小さなおかずをずらりと食卓に並べてみます。

　韓国人なのに「辛い韓国料理が苦手」で有名な私ですが(笑)、こんな日にピリ辛のチゲを口にすると「やっぱりこれだな〜」と、妙にしっくりくる。自分が育ってきた食、「母の味」の力に、改めて感動するひときでもあるのです。

(1) みそチゲ(→p.16)
(2) 黒豆ごはん(→p.17)
(3) だし巻き卵(→p.62)
(4) ほうれん草のナムル
(5) 白菜キムチ
(6) 豆腐のえごま油焼き(→p.16)
(7) 韓国のり

みそチゲ

韓国のお母さんはチゲをたっぷり作り、
2〜3日かけて食べきります。
具が煮くずれたところもおいしい。

材料（2人分）

じゃがいも…2個（150g）
韓国かぼちゃ（あれば）…40g
木綿豆腐…½丁
あさり（砂抜きしたもの）…100g
煮干しだし（→p.6参照）…3カップ
韓国みそ…大さじ1と½
唐辛子粉…適量

作り方

① じゃがいもは1cm幅に、かぼちゃ、豆腐は食べやすい大きさに切る。
② 鍋にだしを入れて中火にかけ、煮立ったらあさりを加えて煮る。口が開いたら、いったんあさりを取り出す。
③ じゃがいも、みそを加え、ふたをして5分ほど煮る。じゃがいもに火が通ったら、かぼちゃ、豆腐を加えてひと煮立ちさせる。
④ あさりを戻し入れ、唐辛子粉を加えて火を止める。

豆腐のえごま油焼き

なんてことのない本当にシンプルな一品ですが、
豆腐をしっかり水きりすることで
うまみが凝縮し、いくらでも食べられます。

材料（2人分）

木綿豆腐…½丁
塩…適量
えごま油…大さじ1

作り方

① 豆腐はざるにあげてラップをかけ、500gほどの重石をのせて冷蔵庫でひと晩水きりする。
② **1**を横半分に切り、さらに6等分に切る。バットに並べ、両面に塩をふる。
③ フライパンにえごま油を弱めの中火で熱し、**2**を並べて両面がきつね色になるまで焼く。

黒豆ごはん

韓国の家庭では白いごはんは少なくて、黒豆や雑穀などの滋養素材を加えて炊く〝栄養ごはん〟が定番。これも母の愛なのです。

材料（作りやすい分量）
米…2合
ゆで黒豆（✩）…30g
黒米…大さじ2
もちきび（あれば）…大さじ1

作り方
① 米は洗って15分ほど浸水させ、ざるにあげて水けをきる。
② 鍋に**1**、黒豆、黒米、もちきびを入れ、米と同量の水（360㎖）を加えてふたをし、強火にかける。煮立ったら弱火にし、10分ほど炊く。火を止め、15分ほど蒸らす。

✩黒豆のゆで方（作りやすい分量）
黒豆（乾燥）30gはたっぷりの水にひと晩ひたす。水分を吸ってひとまわり大きくなったら鍋に入れ、かぶるくらいの水を注いで中火にかける。煮立ったら弱火にし、ふたをして15〜20分ゆで、火を止める。ゆで汁ごと保存容器に入れ、粗熱が取れたら冷蔵または冷凍保存する。

疲れた日は、手抜きでいい

料理を仕事にしている私でも、「今日は台所に立つのが億劫だなぁ」という日があります。そんな日は自分の気持ちに素直に、無理をせず、ほどよく手抜きをすることにしています。

鍋に洗っただけの豆もやしを入れて、豚肉をどーんとのせ、その上にねぎと調味料をのせて火にかけるだけ。テクニックいらずのカンタン料理だけど、味は抜群。なにより楽しみなのは、〆の焼きめしで、これまた絶品。おなかが満たされ、気持ちも癒されます。

プルコギ（불고기）は韓国を代表する肉料理のひとつで、家庭ごとに素材や調味料の組み合わせが少しずつ違い、家の数だけ味わいがあると言われています。

〆の焼きめしには、せりや青ねぎなど、香りのよい野菜を加えると、おいしさがさらに引き立ちます。

豆もやしの辛いプルコギと〆の焼きめし

豆もやしは栄養たっぷりの優秀食材。
野菜不足も補えるメニューです。
きのこを足したり、しょうがを加えたり、
ご自分の好みでアレンジしてください。

材料（2～3人分）

豚切り落とし（またはバラ）肉…300g
豆もやし…1袋（200～250g）
長ねぎ（白い部分）…1本分

A（混ぜる）
- コチュジャン…大さじ2
- 唐辛子粉・しょうゆ・アガベシロップ…各大さじ1

温かいごはん…適量
せり（または小ねぎ、春菊など）…適量

B
- 韓国のり（フレークタイプ→p.95参照 またはポリ袋などに入れて細かく砕く）・ごま油・白いりごま…各適量

ごま油…少々

作り方

① ねぎは斜め薄切りに、せりはざく切りにする。豆もやしは洗う。

② 鍋に豆もやしを広げて豚肉をのせ、上にねぎ、よく混ぜたAをのせる。ふたをして弱めの中火で10分ほど加熱し、ふたを取ってトングなどでよく混ぜながら炒める。プルコギのでき上がり。器に取り分けて食べる。

③ 鍋に残ったたれにごはんとせり、Bを加え、中火にかける。汁けがなくなり、香ばしい香りが立ったら火を止め、ごま油をひとまわしする。

友人を招いた日は

人がたくさん集まる日は、やっぱりかたまり肉のメニューが盛り上がる。じゅうじゅう焼いて香ばしい匂いが漂い、キッチンばさみで肉を切っていると、「わぁ〜!」と大歓声。みんなビールを片手に、キッチンに集まってきます（笑）。

ポイントは、豚肉に火が入りやすいよう、肉の両面に斜めに切り込みを入れること。表面積が増えるので、たれが肉全体にしっかりなじむ効果もあります。

豚カルビといっしょに食べるたれや野菜をいろいろと用意すれば、「これとこれを合わせると、おいしい!」「私はこの組み合わせが好き」など、会話も弾みます。

ちなみに、写真の「イワタニ 網焼プレート」（岩谷産業）を手に入れてから、わが家でこのスタイルのごはん会が増えました（笑）。肉の脂も下にほどよく落ちて、ヘルシー。おすすめですよ。

豚カルビ

たれにひと晩漬け込み、寝かせることで
玉ねぎの酵素の働きで肉がふっくらやわらかに。
ほんのり甘い、やさしい味わいなので
小さなお子さんでも食べやすいメニューです。

材料（作りやすい分量）

豚肩ロースかたまり肉…600g

A（混ぜる）
- 玉ねぎ（すりおろし）…1/4個分（85g）
- しょうゆ…大さじ4
- 水…大さじ3
- 黒砂糖（またはきび砂糖）…大さじ2
- アガベシロップ・ごま油…各大さじ1/2
- おろしにんにく…1/2かけ分
- 黒こしょう…適量

作り方

① 豚肉は2cm厚さに切り、両面に斜めに数本、深さ1cmほどの切り目を入れる（切り目の方向が表と裏で交互になるように）。

② バットに**1**を並べてAを全面に塗り、表面にぴったりとラップを貼りつける（ファスナーつき保存袋に豚肉とAを入れてなじませ、空気をしっかり抜いてもよい）。冷蔵庫でひと晩、味をなじませる。

③ 焼き網（またはフライパン）を中火で熱し、**2**をのせてこんがりと焼き目がつくまでじっくり焼く（200℃のオーブンで15分加熱してもよい）。途中、キッチンばさみで食べやすい大きさに切り、葉野菜やたれ（→p.22参照）といっしょにいただく。

豚カルビといっしょに食べたいもの

葉野菜に豚カルビと玉ねぎのたれをのせて巻いたり、
葉野菜に大根の甘酢漬けと豚カルビをのせ、サムジャンをつけていただきます。一度にあれもこれもと欲張らず、
ひと口でパクッと食べきるサイズに包むのが韓国風。

（1）

玉ねぎのたれ

材料（作りやすい分量）

紫玉ねぎ…½個

A
- 酢・水…各大さじ2
- しょうゆ・アガベシロップ…各大さじ1
- 練りがらし…2cm
- 塩…少々
- レモン汁…⅙個分

作り方

① 玉ねぎは薄切りにして水にさらし、水けをしっかりきる。

② ボウルにAを入れてよく混ぜ、**1**を加える。

（2）

えごまの葉、フリルレタスなど葉野菜

（3）サムジャン

材料（作りやすい分量）

韓国みそ…大さじ3
コチュジャン・ごま油…各大さじ1
アガベシロップ…小さじ1

作り方

① ボウルにすべての材料を混ぜ合わせる。好みでひまわりの種、クコの実、松の実、白いりごまなどを加えてもよい。

（4）大根の甘酢漬け

材料（作りやすい分量）

大根…5cm
A 酢・水…各大さじ4
　アガベシロップ…大さじ2
塩…小さじ1

作り方

① 大根は3mm幅の半月切りにする。
② ボウルにAを入れてよく混ぜ、**1**を加えて混ぜる。保存容器に入れ、常温で3時間以上おき、味をなじませる。

ざあざあ、雨の日はチヂミ

韓国人にとって、チヂミが焼ける「ピチピチ」という音は、雨音を連想させるもの。だから雨の日は、チヂミを食べるのがお約束なんです。どの家でもお母さんたちは子どもたちのためにチヂミを焼き、街にあるチヂミ屋さんも、雨の日は繁盛します。

そのせいでしょうか。私も梅雨の時季になると、チヂミを焼きたくなる日が多くなるのです。

ちなみに「チヂミ（지짐이）」は慶尚道（キョンサンド）地方の方言で、ソウルでは「プッチムゲ（부침개）」または「ジョン（전）」と呼ぶのが一般的。ジョンのほうが定義が広く、チヂミはジョンの一種とされています。

焼いていてピチピチという音がなくなったら、そのつど油を足しましょう。かつて油が贅沢品だった韓国では、チヂミは揚げもののような存在でした。だから「揚げ焼き」するのがポイントなのです。

ざあざあ、雨の日はチヂミ

韓国かぼちゃのチヂミ

一般的なチヂミは小麦粉で作りますが、
片栗粉だとサクッと軽やかな食感。
韓国かぼちゃが手に入らなければ
ズッキーニで作ってもおいしいです。

材料（2人分）

韓国かぼちゃ…200g
塩…小さじ¼
片栗粉…大さじ2〜3
米油…大さじ3〜4
たれ
└薄口しょうゆ・酢…各大さじ1

作り方

① かぼちゃは5mm角、5cm長さの拍子木切りにしてボウルに入れ、塩を全体にまぶし、20分ほどおく。水けが出てきたら絞り、片栗粉をしっかりまぶす。

② フライパンに米油大さじ3を中火で熱し、**1**を入れて広げる。まわりに焼き色がついてきたら上下を返し、裏面にも焼き色がつくまで焼く（途中、油が足りなければ足しながら焼く。カリカリ感が足りないようなら強火にし、もう一度上下を返して焼く）。混ぜ合わせたたれを添える。

じゃがいもとよもぎのジョン

粉は入れずに、じゃがいものでんぷんを
つなぎにして焼きかためます。
春先のやわらかなよもぎがあれば最高ですが、
にらや春菊などで作ってもOKです。

材料（2人分）

じゃがいも…2個（100g）
よもぎ…15g
塩・米油…各適量

作り方

① よもぎは葉を摘み、粗みじん切りにする。
② じゃがいもは皮をむいてすりおろし、ざるにあげる。指でやさしく押して水分をきり（水分もとっておく）、ボウルに入れる。じゃがいもから出た水分はしばらくおき、でんぷんを沈ませる。上ずみは捨て、底に残ったでんぷんのみ、じゃがいものボウルに加える。
③ **2**に**1**と塩を加え、よく混ぜる。
④ フライパンに米油を弱火で熱し、**3**を大さじ1ずつ落とし入れ、両面に焼き色がつくまで焼く。好みで酢じょうゆ（分量外）を添える。

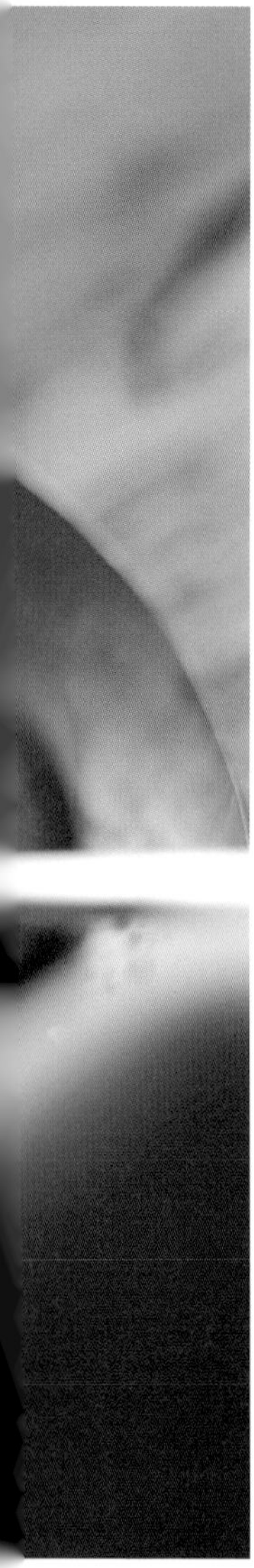

ストレス多めの日は、辛いもので発散！

「辛い韓国料理が苦手」と先に書きましたが、そんな私でも「辛いものが食べたい！」と思うときは、イライラ、ストレスがたまっている証拠。そういう日に作りたいのは、こんなメニューです。

トッポッキ（떡볶이）とは、細長いおもち「トック」を使った料理。屋台でもおなじみで、韓国人なら、子どもの頃から誰もが慣れ親しんでいる軽食です。私は火が入りやすい平たいトックを水につけて、冷蔵庫に常備しています（→p.91参照）。

このトッポッキはスープ多め、材料すべてを鍋に入れて火にかけるだけのお手軽料理。お化粧を落として、シートマスクを張っているうちにでき上がります。

辛いものを食べて汗をかくと、滞っていた気持ちもパッと発散される気がします。そうして「またがんばろう！」という気持ちがよみがえってくるのです。

すくって食べるトッポッキ

韓国さつま揚げから出るうまみがだしとなって、味に奥行きが生まれます。日本のさつま揚げより薄く、弾力がある食感。韓国食材店などで手に入ります。

材料（2人分）

トック（水漬け→p.91参照）…200g
韓国さつま揚げ（またはちくわ）…80g

A（混ぜる）
煮干しだし（→p.6参照）…2カップ
アガベシロップ…大さじ2
薄口しょうゆ…大さじ1と1/2
コチュジャン・唐辛子粉…各大さじ1

作り方

① フライパンにAを入れて中火にかける。
② さつま揚げは3～4cm角に切る。
③ **1**が煮立ったらトック、**2**を加え、弱めの中火で10分ほど煮る。

今日もお疲れさま、私！

初夏の料理教室で梅シロップの仕込みをしていた日、参鶏湯をお出ししたことがありました。すでに夏バテ気味で食欲がないと弱っていた生徒さんが、「これを食べたら元気になる！」と、何杯もおかわりをしてくれてびっくり。参鶏湯は、やさしくもパワフルな滋養食なのです。「鍋に材料を入れただけで、私はなにもしてないよ？」と言いたくなるほど簡単なのに、こんなにおいしくできるなんて、まさに魔法のよう（笑）。

わが家でも「最近忙しかったから、疲れがたまってきたな」と思ったとき、参鶏湯が食卓に登場します。

鍋が煮える間に、キムチや季節のチャンアチ（장아찌、野菜の漬けもの）などを小皿に盛り、でき上がったら好みの具をトッピング。体と心にしみ渡り、じんわり癒されるひとときです。

参鶏湯

鶏肉をあらかじめ塩水漬けにしておくことで
驚くほどしっとり、やわらかに。
肉はできるだけていねいにほぐして戻すと
繊細な食感を楽しめます。

材料（2〜3人分）

鶏むね肉（塩水漬け→p.90参照）…1枚（200〜250g）
鶏手羽先（塩水漬け→p.90参照）…3本
しょうが（薄切り）…2枚
にんにく…1かけ
なつめ（乾燥）…2個
長ねぎ（青い部分）…1本分
水…3カップ
もち米…½合

作り方

① 鍋にもち米以外の材料を入れて強火にかける。煮立ったらアクを取り、ふたをして弱火にし、40分ほど煮る。
② 火を止め、ねぎとしょうがを除く。鶏肉、にんにく、なつめはバットに取り出し、乾燥しないようラップをかける。
③ **2**の鍋に洗ったもち米を入れ、再び中火にかける。煮立ったら弱火にし、ふたをして20〜30分煮る。その間に、**2**の肉を手で細かくほぐし、にんにく、なつめはつぶして種を除く。
④ もち米がおかゆ状になったら鶏肉、にんにく、なつめを戻し入れる。味を見て、足りなければ塩（分量外）で味をととのえる。

トッピングおかず

好みで、常備している白菜キムチ、たこの塩辛、干しきゅうりのチャンアチ（→p.86参照）、干し菊いものチャンアチ（→p.86参照）、青トマトのチャンアチ、小ねぎ（小口切り）、白いりごまなどをのせて。

春のごちそう

春は、目覚めの季節。青々とした緑野菜やさわやかな香りの新ごぼうなど、冬の間眠っていた感覚を目覚めさせていくような繊細な味わいが恋しくなります。

チャプチェ（잡채）やキンパ（김밥）といった日本でもおなじみ料理を、みずみずしい春野菜を使ってナレ流にしてみました。

野菜にはそれぞれ適切な火入れ時間があるので、チャプチェは順番に炒めてボウルに合わせていきます。

キンパは韓国では、遠足のお弁当の定番です。ごぼうを甘辛く炒め煮にしたら、フライパンに残った煮汁を豆腐にからめて味つけを。日本で販売されているキンパは牛肉入りのものが多いですが、それに比べて野菜や豆腐で作ったキンパは、食べ心地も軽やか。ひとりで1本、するっと食べられてしまうほど。お花見など、春の行楽のお供にするのもおすすめです。

アスパラガスとごぼうのチャプチェ

チャプチェ（雑菜）といえば「春雨を使った料理」と
思っている人も多いかもしれませんが
もとはいろいろな野菜を炒めて合わせた料理のこと。
春野菜のみずみずしい食感を楽しんで。

材料（2人分）

グリーンアスパラガス…6本（100g）
新ごぼう…50g
新玉ねぎ…½個
米油・えごま油・塩…各適量
A ┃しょうゆ…大さじ½
　┃アガベシロップ…大さじ1
ごま油…少々

作り方

① アスパラは根元のかたい部分を切り落とし、ピーラーで皮をむく。長さを半分に切り、縦薄切りにしてからせん切りにする。ごぼうは皮をむき、斜め薄切りにしてからせん切りにし、水にさらす。玉ねぎは薄切りにし、水にさっとさらす。

② フライパンに米油を弱めの強火で熱し、アスパラを入れる。塩少々をふって手早く炒め、ボウルに取り出す。

③ フライパンをキッチンペーパーできれいに拭き、米油を弱めの強火で熱し、水けをきった玉ねぎを入れる。塩少々をふって手早く炒め、**2**のボウルに加える。

④ フライパンをキッチンペーパーできれいに拭き、えごま油を弱めの強火で熱し、水けをきったごぼうを入れる。全体に油がなじんだらAを加え、汁けがなくなるまで煮詰めて**3**のボウルに加える。全体によく混ぜ、塩で味をととのえる。ごま油を加え、軽く混ぜる。

新ごぼうと豆腐のキンパ

豆腐とごぼうをメインにしたベジキンパ。
お寺の精進料理からヒントを得た一品です。
しっかり味つけしたごぼうと豆腐の組み合わせで
全体で味のバランスがとれるよう考えました。

材料（2本分）

新ごぼう（細めのもの）…100g
木綿豆腐…½丁
ほうれん草…40g
べったら漬け（市販）…20g
焼きのり（全形）…2枚
温かいごはん…300g
えごま油…大さじ1
A
しょうゆ…大さじ2
アガベシロップ・水…各大さじ1
片栗粉…大さじ1
米油…適量
塩…適量
ごま油…大さじ½

作り方

① 豆腐はざるにあげてラップをかけ、500gほどの重石をのせて冷蔵庫でひと晩水きりする。
② ごぼうは斜め薄切りにしてからせん切りにする。フライパンにえごま油を弱火で熱し、ごぼうを炒める。油がまわったらAを加えて5分ほど炒め、火が通ったらごぼうのみバットに取り出す（煮汁はそのままフライパンに残しておく）。
③ **1**を1cm角の棒状に切り、全体に片栗粉をまぶす。別のフライパンに米油をやや多めに入れて中火で熱し、豆腐を並べて焼く。カリッとしたら**2**のフライパンに加えて弱火にかけ、汁けがなくなるまで煮からめる。
④ ほうれん草は熱湯で30秒ほどゆでて水にさらし、水けをしっかり絞る。長さを半分に切ってボウルに入れ、塩少々をふって下味をつける。べったら漬けはのりの長さに合わせ、5mm角の棒状に切る。
⑤ 温かいごはんにごま油と塩少々を加え、さっと混ぜて下味をつける。
⑥ 巻きすにのり1枚をのせ、ごはんの半量をのせて、奥側1cmほどをあけて平らに広げる。手前にごぼう、ほうれん草、べったら漬け、豆腐の各半量をのせ、手前から巻いて形を整える。もう1本も同様に巻く。
⑦ ごま油適量（分量外）をはけで上面に塗り、食べやすく切る。

魚のユッケ風

「ユッケが食べたいな」と思った日に、
「新鮮なお刺身で、似た料理を作れるかも？」と
生まれた料理です。繊細な食感の芽ねぎと
プチプチのえごまや松の実がアクセントです。

材料（2人分）

鯛など白身魚（刺身用）…150g
春にんじん…2cm
おろしにんにく…少々
えごまの実（→p.95参照）…小さじ1
松の実…適量
薄口しょうゆ・アガベシロップ
…各小さじ1
ごま油…小さじ2
塩…適量
芽ねぎ…適量

作り方

① 白身魚は7mm〜1cm幅のせん切りにする。にんじんは細めのせん切りに、芽ねぎは食べやすい長さに切る。
② ボウルに芽ねぎ以外のすべての材料を入れてよく混ぜ、塩で味をととのえる。
③ 器に盛り、芽ねぎをのせる。好みでごま油適量（分量外）をまわしかけても。

夏のごちそう

長く暑い夏が続くのは、韓国も日本も同じ。きゅうりやなすといった、体の熱を冷ましてくれる夏野菜をたっぷり食べて、この季節を乗り切りたいものです。

ピョンス（편수）は、夏に食べる冷たい水餃子。韓国では冷たい水に浮かべて供されることが多いですが、肉がかたくなってしまうので、私は夏でも蒸し餃子にして食べます。

韓国ドラマの影響で、日本の方にも広く知られるようになったヤンニョムチキン（양념치킨）は、甘辛いたれをからめたフライドチキンで、ビールと合わせて食べるのがお約束です。

この料理をなすで応用したのが「揚げなすのヤンニョムチキン風」。しっかり揚げて水分を抜き、カリッとした食感になったなすが新鮮で、「これ、なすだったの？」と驚く人も多い。そしてチキンと同じく、ビールがすすむ味わいなのです（笑）。

きゅうりのピョンス（片水）

野菜たっぷりのヘルシー餃子。

きゅうりと韓国かぼちゃは、いったんかつらむきしてからせん切りにすることでより繊細な食感が楽しめます。

材料（20〜30個分）

- 豚ひき肉…200g
- きゅうり…2本
- 韓国かぼちゃ（またはズッキーニ）…½本
- もやし…½袋
- 塩…適量
- A
  - しょうゆ・オイスターソース…各大さじ½
  - えごま油…大さじ1
  - 塩しょうが（→p.92参照）…小さじ½
  - 塩…適量
- 餃子の皮…大20〜30枚
- 松の実…20〜30個

作り方

① きゅうりは長さを4等分に切り、種の直前まで厚めのかつらむきにしてからせん切りにする。かぼちゃも同様にせん切りにする。それぞれ別のボウルに入れ、塩少々をふって10分ほどおき、水けを絞る。

② もやしは熱湯で1〜2分ゆでてざるにあげ、冷めたら水けを絞り、粗みじん切りにする。

③ ボウルにひき肉、**1**、**2**、Aを入れ、よく混ぜる。親指の爪ほどの大きさをフライパンで焼き（または電子レンジで20〜30秒加熱して）味見をする。足りなければ、塩で味をととのえる。

④ 餃子の皮に**3**を等分にのせ、ふちにぐるりと水をつける。親指とひとさし指で4か所をつまんでバランスを見ながら風車のような形にし、真ん中に松の実を詰め、指でしっかりとめる。せいろにオーブンシートを敷き、餃子を並べる。

⑤ 深めの鍋にたっぷりの湯を沸かし、蒸気が上がったら**4**をのせ、強めの中火で8〜10分蒸す。餃子の皮が透き通ってきたら、火から下ろす。

揚げなすのヤンニョムチキン風

細く切ったなすを二度揚げすることで
カリッとした食感に仕上がります。
魚醤を少し加えると、
ヤンニョムだれの味わいに深みが出ます。

材料（2人分）

なす…2本（200g）
塩…少々
片栗粉…大さじ2
A
　アガベシロップ…大さじ2
　えごま油…大さじ1と½
B
　魚醤…大さじ1
　唐辛子粉…小さじ1
米油…適量

作り方

① なすは細めのくし形に切り、全体に塩をまぶして5分ほどアク抜きをする。キッチンペーパーで水けを拭き、片栗粉をまぶす。
② 揚げ油を180℃に熱し、**1**を揚げる。いったん取り出して油をきり、再び油に入れてカリッとするまで揚げて取り出す。
③ 小鍋にAを入れて弱火にかける。ぷくぷく煮立ったら火を止め、Bを加えて混ぜる。
④ ボウルに**2**、**3**を合わせ、たれを全体にからめる。

秋のごちそう

長い夏が過ぎ去り、秋がようやくやってくると、熱い火の前に立つのが苦でなくなります。そして暑さのダメージを癒してくれるような、滋養があり、ホッとする煮込みや鍋料理が少しずつ恋しくなります。

日本の鍋はまずベースとなるスープを作ってから具材を煮ますが、韓国は最初から具材を鍋に入れるので、「鍋の方程式が違う！」と生徒さんにも驚かれます。

この「きのこ鍋」は肉ときのこから出ただしが絶品なので、残った汁はぜひおじややカルグクス（手切り麺）にして、最後まで楽しんでください。

「チョリム（조림）」は豆腐や野菜、肉などを甘辛いだしで煮た「煮込み料理」のこと。「豆腐チョリム」は肉類を入れなくても満足度の高いボリューム感。汁けがなくなるまで煮て、ごはんにのっけて食べると、止まらないおいしさです。

きのこ鍋

材料を切って、鍋に入れて煮るだけの
簡単レシピですが、一度覚えると
何度でもくり返し作りたくなる一品です。
酢じょうゆと合わせるのがポイント。

材料（2人分）

牛肉…300g
きのこ（しめじ、しいたけ、えのきなど好みで）…合わせて200g
せり…1束
にら…1袋
だし（牛骨スープ→p.95参照、かつおだし、煮干しだしなど好みで）…4カップ

（混ぜる）
A
- コチュジャン…大さじ1
- 唐辛子粉…大さじ1と1/2
- 薄口しょうゆ…大さじ2
- 梅シロップ・みりん…各小さじ1
- にんにく（みじん切り）…1/3かけ分
- 塩・こしょう…各適量

（混ぜる）
酢じょうゆ
- しょうゆ…大さじ2
- 酢・はちみつ…各大さじ1

作り方

① 牛肉は食べやすく切る。きのこは石づきを取り、食べやすくほぐす。せり、にらは7〜8cm長さに切る。

② 鍋に牛肉、きのこ、せり、にらを入れ、中央によく混ぜたAをのせ、だしを注ぐ。中火にかけ、煮立ったら弱めの中火にし、具材に火が通ったら、酢じょうゆにつけて食べる。

・残った汁は、好みの麺またはごはんを加えて〆にするとよい（または両方でも！）。

豆腐チョリム

だしのうまみを吸ったじゃがいもと
豆腐が絶品の、ごはんがすすむおかずです。
たまに口に入るくるみがアクセントになって、
じわ～っとまろやかなうまみが広がります。

材料（2人分）

木綿豆腐…1丁
じゃがいも…小2個
干ししいたけ…3個
紫玉ねぎ…¼個
万願寺唐辛子（あれば）…1本
くるみ（粗く砕く）…少々
えごま油…大さじ1
米油…小さじ1

A
唐辛子粉…大さじ1と½
しょうゆ…大さじ3
梅シロップ・ごま油
…各大さじ1
しょうが（せん切り）
…½かけ分
おろしにんにく…½かけ分
干ししいたけのもどし汁
…½カップ
オイスターソース…大さじ½

作り方

① 豆腐はざるにあげてラップをかけ、500gほどの重石をのせて冷蔵庫でひと晩水きりする。干ししいたけは水でもどす。

② 豆腐を横半分に切り、さらに1cm幅に切る。バットに並べ、両面に塩（分量外）をふる。じゃがいもは1cm幅に、しいたけは8mm幅に、玉ねぎは粗みじん切りにする。万願寺唐辛子は縦半分に切って種を除き、斜め薄切りにする。

③ フライパンにえごま油を弱めの中火で熱し、豆腐をこんがりと焼いて取り出す。

④ 鍋に米油をひいてじゃがいも、**3**、しいたけ、Aを入れ、中火にかける。煮立ったらふたをして3～5分煮る。

⑤ ふたをとり、玉ねぎ、万願寺唐辛子、くるみを加え、具に汁をかけながら、汁けが少なくなるまで煮詰める。

カンジャンセウジャン

カンジャン（간장）はしょうゆ、セウ（새우）はえび。
韓国ではおなじみの「えびのしょうゆ漬け」は、
ごはん泥棒かつ、お酒泥棒のおつまみです。
煮汁をしっかり加熱することで、保存性を高めます。

材料（作りやすい分量）

えび（生食用。バナメイえびなど）
…10尾
紫玉ねぎ…½個
レモン（薄切り）…4枚

A
しょうが（薄切り）…2枚
にんにく…2かけ
長ねぎ（青い部分）…½本分
しょうゆ…1カップ
水…2カップ
きび砂糖…大さじ4
みりん…½カップ
ローリエ…1枚
赤唐辛子…1本
黒こしょう…20粒

作り方

① 鍋にAを入れ、中火にかける。煮立ったら弱火にし、ふたをして10分ほど加熱し、火を止めてそのまま冷ます。

② えびはキッチンばさみでひげを切り、つまようじなどで背わたを取り除く。玉ねぎは1cm幅に切る。保存容器にえび、玉ねぎ、レモンを並べる。

③ **1**が完全に冷めたらねぎを除いて、**2**にかける。表面にぴったりとラップを貼りつけてふたをし、冷蔵庫に3日おく。

④ 3日たったら**3**の漬け汁を鍋に移し、中火にかける。煮立ったらアクを取り、火を止めてそのまま冷ます。えびの殻をむいて（頭と尾は残す）保存容器に戻し、漬け汁が完全に冷めたら再びえびにかけ、表面にぴったりとラップを貼りつけてふたをし、冷蔵庫で保存する。

・翌日（4日目）から食べられ、7日目までに食べきる。

冬のごちそう

甘くて太く、みずみずしい冬の大根が出まわるようになると、トンチミ（동치미）作りに力が入ります。漢字で書くと「冬沈」。大根の水キムチです。

トンチミは赤い唐辛子を使ったキムチと同じく、作り手によってそれぞれ味わいが変わるのがおもしろい。基本的にはほのかな酸味とキリリとした塩味、すっきりした清らかな味わいが魅力で、私も大好き。

友人たちは「今月の料理教室はトンチミ」と知ると、わが家のストックをあてにして、「冷麺を食べさせて！」と遊びに来ます。そう、冷麺のスープはトンチミの漬け汁を活用するのがお決まり。

冷麺といえば夏のイメージが強いかもしれませんが、もとは冬の食べもの。冷蔵庫がない時代、冬にしかしゃりしゃりに冷やすことができなかったんです。そんなわけで、わが家でも冷麺の本番は冬なのです。

トンチミ

食べやすく切って汁ごといただくのはもちろん、サラダや、キンパのべったら漬けの代わりに加えても。冷麺のスープに活用できる漬け汁は乳酸菌がたっぷりで、腸内環境も整えてくれます。

材料（作りやすい分量）

大根…½本（500g）
天日塩…大さじ1
小ねぎ…4本
にんにく…½かけ
しょうが…¼かけ

A（混ぜる）
水…4カップ
天日塩・きび砂糖…各大さじ1
赤唐辛子…1本

作り方

① 大根は4〜5cm厚さの半月切りにする。塩をまぶして軽く混ぜ、常温に6〜7時間おいて塩漬けにする。にんにく、しょうがは皮をむき、厚めの薄切りにする（竹串に刺しておくと取り出しやすい）。

② 大きな保存容器（またはファスナーつき保存袋）にねぎを切らずに入れ（切ると粘りけが出てしまうため）、**1**（大根は出てきた汁ごと）を加える。Aをよく混ぜて注ぐ。

③ 大根が浮いてこないようお皿などで重石をし、さらに表面にぴったりとラップをする。ふたをして冷蔵庫で保存する。

・小ねぎは翌日取り除く。7〜10日後から食べ頃。食べるときに大根を薄切りにする。保存の目安は冷蔵で約2週間。

牡蠣と金柑のキムチ

冬の柑橘は、甘みと酸味を兼ね備えた
調味料のような使い方をよくします。
あえてから20分ほどおくと
よくなじんで一体感のある味わいに。

材料（作りやすい分量）

牡蠣（生食用）
…15個（250〜300g）
金柑…2〜3個
にら…10g
しょうが…½かけ

A
しょうゆ…大さじ2
薄口しょうゆ…大さじ½
唐辛子粉…大さじ1
ごま油・アガベシロップ
…各小さじ1
白いりごま…小さじ½
レモン汁…⅙個分

作り方

① 牡蠣は薄力粉適量（分量外）をまぶし、弱めの流水できれいに洗う。ボウルに水2と½カップを入れてレモン汁¼個分（分量外）を絞り、牡蠣を5分ほどひたしてくさみを取る。バットにキッチンペーパーを敷き、牡蠣の水けをしっかり拭いて並べる。

② 金柑は横半分に切って種を取り除き、薄切りにする。にらは粗みじん切りに、しょうがはせん切りにする。

③ ボウルに**1**、**2**、Aを入れ、さっと混ぜる。

ねぎプルコギ

なにしろねぎが好きな私、冬のプルコギは
ねぎをたっぷり入れたくなります。
なんてことのない素朴なおかずですが、
冷たい空気で育ったねぎの味わいがたまりません。

材料（2人分）

豚薄切り（または切り落とし）肉…300g
長ねぎ（白い部分）…3本分
おろしにんにく…小さじ1
米油…大さじ1
A（混ぜる）
- 薄口しょうゆ…大さじ2
- みりん…大さじ3
- きび砂糖…少々
- 黒こしょう…適量

塩…適量

作り方

① 豚肉は食べやすい大きさに、ねぎは3cm幅に切る。
② フライパンに米油を中火で熱し、ねぎを入れ、あまりさわらないようにしながら焼き目をつける。
③ 豚肉を加えて炒め合わせ、肉の色が変わったらにんにくを加える。Aを加えて全体によくからめ、味を見て、足りなければ塩で味をととのえる。

冷麺

このレシピを教室でお教えしたら
生徒さんたちのリピート率に驚きました。
一度食べるとやみつきになる味わい、
トンチミを作ったらぜひセットで試してください。

材料（2人分）

牛バラかたまり肉…400g
きゅうり…2本
梨（あれば）…¼個
トンチミの大根
（→p.47参照。薄切り）…4切れ
乾麺（半田そうめん、冷や麦など）
…2〜3束

A
水…4カップ
長ねぎ（青い部分）…1本分
しょうが…1かけ
トンチミの漬け汁（→p.47参照）
…1と½カップ

塩…適量

B
酢…大さじ1
アガベシロップ…大さじ2

作り方

① 牛だしを作る。牛肉は全体に塩小さじ1をまぶし、キッチンペーパーで包んでファスナーつき保存袋に入れ、冷蔵庫にひと晩おいてなじませる。

② 圧力鍋に**1**の牛肉、Aを入れてふたをし、強火にかける。ピンが上がったら弱火にし、15分加熱する。火を止め、ピンが下がるまで待つ。ふたを取り、ねぎとしょうがを取り除き、牛肉はバットに移す。鍋に残っただしはそのまま冷まし、保存容器に移して冷蔵庫でひと晩冷やす。茶こしなどでこし、冷えてかたまった脂を取り除く。

③ **2**の牛だし1と½カップとトンチミの漬け汁を合わせ、味を見て好みで酢、こしょう（ともに分量外）を加え、味をととのえる。冷蔵庫で冷やしておく。

④ きゅうりは皮をむいて縦半分に切り、スプーンなどで種を取り除く。斜め薄切りにして塩小さじ1をまぶし、しばらくおいて水けを絞る。ボウルに入れ、Bを加えて混ぜる。

⑤ **2**の牛肉は食べやすい大きさに切る。梨は薄切りにする。

⑥ 鍋にたっぷりの湯を沸かし、麺を袋の表示時間通りにゆでてざるにあげる。水で洗い、水けをきる。器に盛り、**5**、トンチミ、**4**をのせ、**3**のスープを注ぐ。

二章　韓国調味料が残ったら

あたらしいおいしさ新発見

料理教室で習ったレシピを作るため
せっかく韓国調味料を買ったのに、
「ほかの使い方がわからない」という声をよく聞きます。
それはすごくもったいない！
実は和食や洋食、普段のごはんにも
活用できる方法がいろいろとあるんです。
この章では、私が日々の料理に取り入れている
韓国調味料の使い方をご紹介します。
柔軟な発想で使ってみてくださいね。

コチュジャンそぼろ丼

コチュジャンは肉や魚介類と相性がよく
上手に使うと辛いだけでなく、うまみを引き立てます。
そぼろ丼はおべんとうにすると、家族にも大好評。
「ペロリと食べちゃったよ」と喜ばれます。

コチュジャン

唐辛子粉、麦芽、もち米、米みつ、塩などを混ぜて作る発酵調味料。辛いだけでなく甘みも感じられる味わいが魅力です。「うまみの素」として、炒めものやあえもの、煮もの、鍋などに幅広く使えます。

材料（2人分）

鶏ひき肉…300g
米油…大さじ½

A
コチュジャン・白いりごま
…各大さじ1
アガベシロップ・魚醤・ごま油
…各大さじ½
韓国みそ…小さじ1

温かいごはん…適量

作り方

① フライパンに米油を中火で熱し、ひき肉を炒める。肉の色が変わったらAを加え、全体になじませるように炒める。味を見て、足りなければ塩少々（分量外）で味をととのえる。

② 器にごはんを盛り、**1**をのせる。

材料（２人分）

いか…80g
えび（殻つき）…８尾
あさり（缶詰）…30〜40g
玉ねぎ（みじん切り）…¼個分
ミニトマト（半分に切る）…５個分
米…１００g
塩…適量
オリーブ油・白ワイン…各大さじ１
コチュジャン…小さじ１
ディル・パプリカパウダー（あれば）
…各適量

作り方

① いかは食べやすく切る。えびは頭と殻、背わたを除き、食べやすく切る。あさり缶は身と汁に分け、汁は水を足して３〜３と½カップにし、鍋に入れて沸騰直前まで温める。

② フライパンにオリーブ油を弱火で熱し、玉ねぎを炒める。透き通ってきたら米を洗わずに加え、塩適量をふって１〜２分炒める。白ワインを加えて炒め、アルコールを飛ばす。

③ ミニトマト、コチュジャン、**1**のあさりだし適量を加え、ときどきだしを足しながら米に火を通す。米がアルデンテ（少し歯ごたえが残る程度のかたさ）くらいになったら、いか、えびを加えて煮て、色が変わってきたらあさりの身を加え、塩で味をととのえる。

④ 器に盛ってディルをのせ、パプリカパウダーをふり、オリーブ油（分量外）をまわしかける。

シーフードリゾット

北アフリカの調味料・アリッサとコチュジャンはどちらも唐辛子生まれ、味わいが共通しています。アリッサ料理の定番、リゾットに応用しました。

えごま粉

えごまの実をいって、パウダー状にしたもの。独特の風味とコクが生まれ、韓国ではスープや炒めものによく使います。煮込みやスープ、ソースなどをクリーミーに仕上げたいときにも活躍。

えごま粉の肉じゃが

日本の家庭料理の代表選手・肉じゃがを、ナレ流に。
じゃがいもは面取りすると味のしみ込みがよくなります。
また、面取りしたじゃがいもの端もいっしょに煮ると
えごま粉との相乗効果でトロリとした仕上がりに。

材料（2人分）

牛肉…400g
じゃがいも（メークイン）…3個（300g）
しょうが…1かけ
えごま油…大さじ1
きび砂糖…大さじ2
酒…½カップ
A 水…2カップ
　しょうゆ…大さじ3
えごま粉…大さじ2〜3
塩…適量

作り方

① じゃがいもは3等分に切り、面取りする。しょうがはせん切りにする。
② 鍋にえごま油を中火で熱し、牛肉を入れる。片面だけ焼き色をつけ、いったん取り出す。
③ 鍋にじゃがいもを面取りした部分ごと入れ、炒める。砂糖を加えてさらに炒め、**2**を戻し入れ、しょうが、酒を加える。アルコールが飛んだらAを加え、煮立たせる。アクを取り、ふたをして弱火で20分ほど煮る。
④ えごま粉を加え、塩で味をととのえる。

えごま粉ソースのニョッキ

イタリア料理店で働いた経験があるので、
実はパスタ料理も得意なのです（笑）。
クリーム系のソースは重く単調になりがちですが
えごま粉とレモン皮のアクセントで、飽きずに食べ進められます。

材料（2人分）

じゃがいも…250g

A
- 薄力粉…70g
- 卵黄…1個分
- 塩…少々
- オリーブ油…少々

バター（食塩不使用）…10g
セージ…2枚
生クリーム（乳脂肪分35％）…1カップ
ケッパー（塩抜きして刻む）…5g
えごま粉…大さじ2
塩・レモンの皮（写真はグリーンレモン）…各適量

作り方

① じゃがいもは竹串がスッと通るまで下ゆでする（または蒸す）。皮をむいてボウルに入れ、マッシャーなどでつぶす。温かいうちにAを加えて混ぜ、ひとまとめにする（こねすぎない）。ラップで包み、15分ほど休ませる。

② **1**を4等分にし、手のひらで転がして棒状にのばし、包丁で食べやすい大きさに切る。

③ 大きな鍋に塩適量（飲んでみておいしいと感じるくらい）を加えた湯を沸かし、**2**をゆでる。

④ フライパンにバター、セージを入れて弱めの中火で熱する。香りが立ったら生クリーム、**3**のゆで汁少々、ケッパーを加える。味見をして、足りなければ塩で味をととのえる。えごま粉を加えて混ぜる。

⑤ **3**の生地が浮かんできたらさらに1分ゆで、**4**に加える。強火にして手早く混ぜて乳化させ、火を止める。器に盛り、レモンの皮を削ってのせる。

唐辛子粉

キムチ作りや韓国料理に欠かせない唐辛子粉。韓国のものは、辛みがマイルドで、奥に甘みやうまみが感じられると言われています。スパイスのチリパウダーのような感覚で使うのもおすすめです。

アボカドときゅうりのサラダ

よく熟したアボカドを軽くつぶし、きゅうりのあえ衣のように使った料理です。唐辛子粉はアクセントとして少量を。メキシコ料理をイメージしました。

材料（2人分）

アボカド…1個
きゅうり…1本
ごま油…小さじ½
A　塩・黒こしょう…各適量
　　レモン汁…⅙個分
唐辛子粉…適量

作り方

① アボカドは食べやすい大きさに切り、ボウルに入れる。ごま油をまわしかけ、手で少し形が残るくらいにつぶす。
② きゅうりは皮をむいて乱切りにする。**1**に加え、Aを加えて混ぜ、味をととのえる。器に盛り、唐辛子粉をふる。

ピーナッツ辣油の麻婆豆腐

納豆は苦手だったのですが、カラカラに干して
うまみ調味料として使うことを覚え、おいしさに開眼。
ベースはマイルドな味わいですが、
仕上げの自家製ピーナッツ辣油で、辛みと香りが加わります。

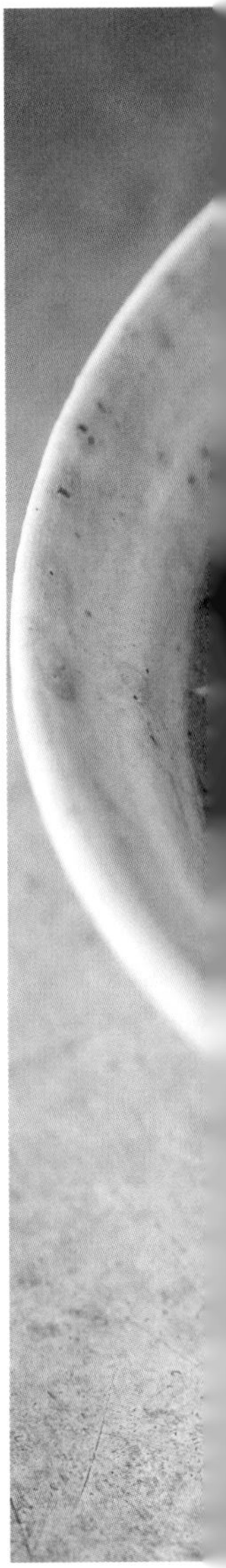

材料（2人分）

- 木綿豆腐…1丁
- 豚肩ロース肉（かたまりまたは焼き肉用）…70g
- 羊肉（かたまりまたは焼き肉用）…70g
- 長ねぎ…1本
- にら…3～4本
- 塩…小さじ½
- 菜種油…大さじ2
- A
  - おろししょうが・おろしにんにく…各小さじ1
  - 花椒（ホール）・酒…各大さじ1
- 豆板醤…大さじ1と½
- B（混ぜる）
  - 干し納豆（☆）…大さじ2
  - 豆豉・日本酒・甜麺醤・しょうゆ…各大さじ½
  - オイスターソース…小さじ1
- 水…1と½カップ
- C（混ぜる）
  - 片栗粉…大さじ1
  - 水…大さじ2
- ピーナッツ辣油（下記参照）…適量

作り方

① 肉類は粗みじん切りにして塩をまぶし、なじませる。ねぎは粗みじん切り、にらは5mm幅に切る。

② フライパンに菜種油を弱めの中火で熱し、ねぎを炒める。しんなりしたら肉を加えて炒め、色が変わったらAを加える。アルコールを飛ばし、にら、豆板醤を加えてさらに炒める。

③ Bを加え、全体になじんだら分量の水を加えてひと煮立ちさせる。豆腐を加え、スプーンで大きめにくずす（くずしすぎないこと）。弱火にしてふたをし、3分ほど煮る。

④ Cを加え、全体にとろみをつけて火を止める。器に盛り、辣油をまわしかける。

☆干し納豆の作り方（作りやすい分量）

ざるにオーブンシートを敷き、納豆2～3パックを容器から出して広げる。カラカラになるまで4～5日、天日干しする。保存の目安は冷蔵で2か月ほど。豆のうまみが凝縮した調味料として使え、麻婆豆腐のほか鍋料理、スープなどに活用するとよい。

ピーナッツ辣油

材料と作り方（作りやすい分量）

① 小鍋に菜種油¾カップとピーナッツ（無塩）30gを入れ、中火にかける。ぶくぶくと煮立ってきたら火を止める。

② 耐熱ボウルに花椒（ホール）3g、唐辛子粉大さじ2、塩小さじ1を入れてさっと混ぜ、**1**を注いでよく混ぜる。冷めたら冷蔵庫におく。

・保存の目安は冷蔵で2か月ほど。

ゆず茶ドレッシングのサラダ

ゆず茶の甘みのおかげで
ビネガーのツン！とした角が取れて
ちょっと特別な味わいのドレッシングに。
その季節に手に入る、お好みの野菜を使って。

材料（作りやすい分量）

野菜（リーフレタス、ルッコラ、青トマト、きゅうり、スナップえんどうなど好みで）…適量
オリーブ油…大さじ1

A（混ぜる）
白ワインビネガー…大さじ1と½
ゆず茶…大さじ1
塩…適量
レモン汁…少々

作り方

① 野菜は食べやすく切る。スナップえんどうはさっとゆでる。合わせてボウルに入れ、オリーブ油をまわしかけ、全体にふわっとあえてなじませる。

② よく混ぜたAを加えてあえる。

ゆず茶

韓国の伝統茶・ゆず茶は、ゆずの果肉や果皮を砂糖漬けにしたもので、ビタミンCたっぷり。「柑橘の香りがする甘味料」として考えると、飲みものとしてだけでなく、料理にも使い道が広がります。

青菜のゆず茶白あえ

ほろ苦い青菜に甘いあえ衣の組み合わせが
うっとりする、うるわしい味わいです。
豆腐はすり鉢を使わず、包丁でつぶせば
洗いものも減って、作るのがラクチン。

材料（2人分）

青菜（菜の花など）…100g
木綿豆腐…½丁（150g）
A
ゆず茶…大さじ1
韓国みそ…大さじ½
塩…適量
ごま油…大さじ½

作り方

① 豆腐はざるにあげてラップをかけ、500gほどの重石をのせてひと晩水きりする。
② 青菜は熱湯でさっと下ゆでし、水けをしっかり絞り、食べやすい長さに切る。
③ **1**をまな板に取り出し、包丁の腹でつぶしてなめらかにする。
④ ボウルに**2**、**3**、Aを入れてよく混ぜる。味を見て、足りなければ塩で味をととのえる。ごま油をまわしかけ、さっと混ぜる。

だし巻き卵

韓国でも卵焼きは朝食の定番です。
日本のだし巻きは、だしをとって冷まして……と
少し時間がかかりますが、魚醤を利用すれば
忙しい朝でも思い立ったらすぐ作れてしまいます。

材料（作りやすい分量）

卵…3個
韓国かぼちゃ（またはにんじん）…50g
A 魚醤…小さじ½
　水…大さじ3
米油…大さじ1～1と½

作り方

① ボウルに卵とAを入れ、よく溶き混ぜる。
② かぼちゃは粗めのチーズおろし器ですりおろし、**1**に加えて混ぜる。
③ キッチンペーパーに米油を吸わせて卵焼き器に塗り、強めの中火で熱する。**2**の¼量を流し入れ、半熟状に火が通ったら手前から巻き、端に寄せる。再び米油を塗り、残りの⅓量を流し入れ、同様に焼く。これをもう2回くり返す。最後まで巻いたら火を止め、そのまま余熱で火を通す。
④ 粗熱が取れたら取り出し、食べやすく切る。

魚醤

韓国の魚醤はカタクチイワシやイカナゴを原料にしたものが多く、やや塩分が高めで、すっきりコクのある味わいが特徴です。塩分とうまみがある調味料なので、だしいらずで味が決まります。

豆腐のスープ

あまりにも簡単なレシピで驚くかもしれませんが、
寒い朝などに、しみじみうれしい一品です。
おろししょうがやすりごまなど
お好みのトッピングをのせて応用してください。

材料（2人分）

木綿豆腐…1丁
小ねぎ…適量
A　水…2カップ
　　魚醤…小さじ1と½
レモン…適量

作り方

① 豆腐は半分に切る。小ねぎは2㎝幅の斜め切りにする。
② 鍋にAを入れて中火にかける。豆腐を加え、ふたをして5分ほど温め、器に盛る。
③ 小ねぎをのせ、レモンを絞る。

なつめ

薬膳素材として有名ななつめ。冷えや貧血などに効果的とされ、美容や健康の強い味方です。「参鶏湯以外の使い道がわからない」と言われることも多いのですが、ぜひ日常使いしてほしい食材です。

なつめの赤いプルコギ

なつめをペースト状にし、甘味料としてとらえると、使い道が広がります。フライパンで焼くと焦げやすいので、オーブンを使うのがおすすめです。

材料（2人分）

豚肉（肩ロースかたまり肉など）…300g
なつめ（乾燥）…40g
酒…大さじ1

A

コチュジャン…大さじ1と½
梅シロップ・しょうゆ…各大さじ½
えごま油…大さじ1
玉ねぎ…¼個
にんにく…½かけ
しょうが…¼かけ

作り方

① 豚肉は食べやすい大きさに切り、酒をまぶしてよくもみ込む。

② なつめは水に30分以上つけてふやかし、包丁を縦に入れ、種に当たったら種に沿うように包丁を動かし、そぐように果肉をはずす。ボウルに入れ、Aを加えて混ぜ、ハンディブレンダーでなめらかになるまで攪拌する。**1**を加えて混ぜ、常温に30分以上おいて味をなじませる。

③ 天板にオーブンシートを敷き、**2**を並べる。180℃に予熱したオーブンで15分ほど焼く。

なつめ茶

外出する日や出張に行くときに
持っていくことが多いなつめ茶。
甘くてホッとするし、カフェインレス。
果肉もそのまま食べてしまいます。

材料（作りやすい分量）

なつめ（乾燥）…10～15個

作り方

① なつめはフードプロセッサーに入れ、種ごと攪拌して粗く砕く（水分があるため、細かく砕けないので粗くでよい）。

② ざるにオーブンシートを敷いて**1**を広げ、カラカラになるまで2～3日、天日干しする。

③ **2**をフードプロセッサーに入れ、再び攪拌して細かく砕く。まだしっとりしている部分があればもう一度天日干しし、完全に乾いたら保存瓶に入れる。保存の目安は常温で1か月ほど。

・ポットに**3**を大さじ1～2入れ、熱湯2カップを注ぎ、3分ほど蒸らして飲む。

三章　食卓の小さな主役たち

料理教室で人気のおまけレシピ

私の料理教室では、
毎回メインとなる料理4～5品のほか、
口頭でお伝えしているおまけレシピが
必ず何品かあります。
毎回そのレシピが大人気で
（もしかしてメインの料理よりも？　笑）
「くわしいレシピを教えてほしい」
と言われてきました。
今回はその中から、特にリクエストが
多かったものをご紹介します。
普段のごはんやおもてなしに
活用してみてくださいね。

にんじんの酢キムチ

まだ唐辛子が一般的に普及していなかった李朝朝鮮時代のレシピを参考にしています。八角やフェンネルに中国からの影響が感じられ、古いのに新鮮に感じられる組み合わせです。

材料（作りやすい分量）

にんじん
…3本（300〜350g）

青菜（小松菜などあれば）…適量

A
- 天日塩…大さじ1と½
- 酢…大さじ3
- しょうが（せん切り）…10g
- 八角・フェンネルシード
…各小さじ1

作り方

① にんじんは皮をむき、縦半分に切ってから500円玉くらいの大きさの乱切りにする。青菜は3〜4cm長さに切る。

② 保存容器に**1**、Aを入れ、ふたをして揺すって混ぜる。常温にひと晩おき、翌日から冷蔵庫で保存する。

・翌日から食べられる。5日後から、さらにやわらかくなりおいしい。保存期間は冷蔵で約10日。

ほうれん草と煮干しのナムル

韓国みそと煮干しは相性がとてもよく
冬の甘いほうれん草の味わいを引き立てます。
根っこの赤い部分がおいしいのですが
時間をおくと黒くなるので、できたてをどうぞ。

材料（2人分）

- ほうれん草…小1束（150g）
- 長ねぎ…3cm
- 煮干し…15g
- 米油…小さじ1
- A
  - 韓国みそ…小さじ1
  - 水…1/2カップ
- おろしにんにく…少々
- ごま油…小さじ1

作り方

① ほうれん草は熱湯で30秒ほどゆで、水にさらす。水けをしっかり絞り、食べやすい長さに切る。ねぎはみじん切りにする。

② 煮干しは頭と内臓を取り除き、熱したフライパンでからいりする。

③ 小鍋に米油を弱めの中火で熱し、ねぎを炒める。しんなりしたらAを加えてひと煮立ちさせ、**2**を加えて弱火で2〜3分煮詰める。火を止め、にんにくを加えて混ぜる。

④ ボウルにほうれん草と**3**を入れてよく混ぜ、ごま油をまわしかける。

ほうれん草とにんじんのナムル

冬の間は、何度でも食べたいほうれん草。
にんじんの赤色がアクセントになり
小さくともテーブルが華やぐ一品です。

材料（2人分）

ほうれん草…小1束（150g）
にんじん…2cm（20g）
A
- ごま油…大さじ2
- しょうゆ…大さじ1
- おろしにんにく…少々

塩…適量

作り方

① ほうれん草は熱湯で30秒ほどゆで、水にさらす。水けをしっかり絞り、食べやすい長さに切る。
② にんじんは粗めのチーズおろし器ですりおろす。
③ ボウルにAを入れてよく混ぜ、**1**、**2**を加えて混ぜる。味を見て、足りなければ塩で味をととのえる。

きゅうりと玉ねぎのナムル

体を冷ますきゅうりと温める玉ねぎ。
この組み合わせは相性がよく、私も大好き。
「炒めサラダ」のようなナムルです。

材料（2人分）

きゅうり…2本
玉ねぎ…½個
塩・米油…各適量
A
- ごま油…小さじ1
- レモン汁…⅙個分

作り方

① きゅうりはやや厚めの小口切りにし、塩小さじ½をまぶす。玉ねぎは薄切りにし、塩小さじ¼をまぶす。それぞれ20分ほどおき、水けをしっかり絞る。
② フライパンに米油少々を強めの中火で熱し、きゅうりをさっと炒めてボウルに入れる。
③ 同じフライパンに米油少々を足し、玉ねぎを炒める。味を見て、甘さが出ていれば火を止め、**2**のボウルに加える。Aを加えてよく混ぜ、味を見て、足りなければ塩少々で味をととのえる。

エリンギのナムル

エリンギは韓国でもよく食べる素材で
手でちぎると鶏肉のような食感に。
好みで、にんにくを加えてもおいしいです。

材料（2人分）

エリンギ…200g
塩…小さじ½
米油…大さじ½
えごま粉…大さじ1〜2

作り方

① エリンギは根元に包丁で切り目を入れ、手で食べやすい大きさにさく。塩を全体にまぶして10分ほどおき、水けをしっかり絞る。
② フライパンに米油を弱めの中火で熱し、**1**を2〜3分炒めて水けを飛ばす。えごま粉を加えて混ぜ、火を止める。味を見て、足りなければ塩（分量外）で味をととのえる。

ねぎとわかめのあえもの

大の「ねぎ好き」と書きましたが、
わが家の冷蔵庫にはいつも必ずねぎがいます。
日本の居酒屋で食べた「ぬた」を参考に
わかめと組み合わせ、ねぎが主役のひと皿に。

材料（2人分）

わけぎ…4本（170〜200g）
わかめ（乾燥）…5g
A
- 韓国みそ…大さじ½
- 酢・アガベシロップ…各大さじ1

塩…適量

作り方

① わけぎは食べやすい長さに切り、熱湯でさっとゆでる。ざるにあげ、水けをしっかり絞る。
② わかめは水でもどし、食べやすい長さに切って熱湯でさっとゆで、水けをしっかり絞る。
③ ボウルにAを入れてよく混ぜ、**1**、**2**を加えて混ぜる。味を見て、足りなければ塩で味をととのえる。

じゃがいもといんげんの炒めもの

ミャンマーを旅したとき、現地のお母さんに教わった、思い出の家庭料理です。シンプルな調味や唐辛子使いなど、韓国料理の味わいにも通じる一品です。

材料（２人分）

じゃがいも（メークイン）
…２個（１７０ｇ）
さやいんげん…１３０ｇ
赤唐辛子（生でも、乾燥でも）
…½本〜
米油…大さじ１
塩…適量
おろしにんにく…½かけ分
えごま油（好みで）…大さじ½

作り方

① じゃがいもは５００円玉くらいの大きさの乱切りに、いんげんは５㎝長さに切る。赤唐辛子は種ごとすり鉢などで粗くつぶす。

② フライパンに米油を中火で熱し、じゃがいもを炒める。塩をふり、じゃがいもが透き通ってきたらいんげん、にんにくを加えて炒める。香りが立ったら水½カップを加え、ふたをして３分ほど蒸し煮にする。

③ じゃがいもに火が通ったら**1**の赤唐辛子を加え、塩で味をととのえる。えごま油をまわし入れ、火を止める。

野菜巻き大根キムチ

生徒さんに「おまけレシピで知りたいのは？」とアンケートをとったら、ダントツ1位がこちら。さわやかな梅シロップがおいしさの秘密で、お正月になます代わりにしても華やかですね。

材料（作りやすい分量）

大根…7cm
きゅうり…1と1/2本
パプリカ（赤・黄）…各1個

（混ぜる）A
梅シロップ…大さじ2
水…2と1/2カップ
塩…小さじ1と1/2
魚醤…小さじ1/2
しょうが（薄切り）…1枚（1/6かけ分）
にんにく…1/6かけ分

ゆずの皮（あれば）…適量

作り方

① 大根は薄いかつらむきにし、10cm幅に切る。
② きゅうりは長さを4等分に切り、種の直前までかつらむきにしてからせん切りにする。パプリカは薄いせん切りにする。それぞれバットに並べ、塩少々（分量外）をふる。
③ Aをよく混ぜ、保存容器に入れる。
④ **1**で**2**を等分に巻き、たこ糸などで縛る。**3**に漬け、冷蔵庫でひと晩、味をなじませる。

・翌日から食べられる。食べる直前にキッチンばさみでたこ糸を切り、食べやすい大きさに切る。

じゃがいもの酢のもの

韓国のお寺で教わった、精進料理のひとつ。
ほんの少しえごま油をたらしてもおいしいです。
夏になると必ず作る一品で、
焼き肉のつけ合わせなどにもおすすめ。

材料（2〜3人分）

じゃがいも…3個

A
- 酢…大さじ3
- 水・アガベシロップ…各大さじ1
- 塩…小さじ1
- 練りがらし…少々

作り方

① じゃがいもは薄切りにしてからせん切りにし、水にさらす。

② **1**を塩少々（分量外）を加えた熱湯で10秒ほどゆで、水にさらす。ざるにあげて流水で冷まし、水けをきる。

③ ボウルに**2**を入れてAを加え、よく混ぜる。味を見て、足りなければ塩（分量外）で味をととのえる。

れんこんと梨の冷菜

冷麺に入れるだけでなく、肉の下味に使ったりキムチに加えたり、韓国では梨を本当によく食べます。こちらは白い素材を組み合わせたシンプルな料理ですが、おもてなしのスターターなどに喜ばれます。

材料（2人分）

れんこん…150g

梨…½個

（混ぜる）

A

白すりごま…大さじ1と½

酢…小さじ2

アガベシロップ・ごま油…各大さじ1

おろしにんにく…少々

作り方

① れんこんは薄切りにして熱湯でさっとゆで、酢水につける。梨はれんこんと同じ厚さのひと口大に切る。

② 器に梨を並べ、上に水けをきったれんこんを並べる。食べる直前にAをかける。

蒸し鴨肉

鴨肉は韓国では身近な素材で、専門店もあるほど。
はちみつの効果で、しっとり食感に仕上がります。
友人にこのレシピを教えたら、
マントウ（中華蒸しパン）にはさんで楽しんでいました。

材料（作りやすい分量）

鴨むね肉…５００g

A
- 魚醤…大さじ1
- はちみつ…大さじ2
- 黒こしょう…適量

米油…適量

作り方

① 鴨肉はファスナーつき保存袋に入れ、Aを加えてよくもみ、空気を抜いて口をとじ、冷蔵庫でひと晩、味をなじませる。

② 取り出して常温に戻す。フライパンに米油を強火で熱し、鴨肉を皮面を下にして入れ、両面に焼き目をつける。せいろにオーブンシートを敷き、鴨肉をのせる。

③ 深めの鍋にたっぷりの湯を沸かし、蒸気が上がったら**2**の蒸し器をのせ、強めの中火で15分ほど蒸す。火を止め、余熱でさらに10分ほど火を通す。バットに取り出し、ラップをかけて5分ほどおく。

④ 粗熱が取れたら食べやすい大きさに切る。

・好みで木の芽のチャンアチや大根の甘酢漬け（→p.23参照）、梅みそ（→p.93参照）と生の木の芽などをのせて食べる。

どんぐりムック

韓国語で「ムック」は「寒天状の食べもの」のこと。
どんぐり粉をひたすら練り、冷やしかためたおかずです。
ほのかな苦みと甘辛いたれが、クセになる味わい。
韓国では夏によく食べる滋養食でもあります。

材料（2人分）

どんぐり粉（→p.95参照）…1カップ
水…5カップ

A
- 塩…小さじ½
- ごま油…大さじ1

B（混ぜる）
- しょうゆ…大さじ4
- 梅シロップ・アガベシロップ・白いりごま・唐辛子粉…各大さじ1

春菊（ざく切り）…適量

作り方

① 鍋にどんぐり粉と分量の水を入れてよく混ぜ、溶かす。中火にかけ、もったりとするまで混ぜながら加熱する。ふたをして弱火にし、さらに15分ほど加熱する（ときどきふたを開け、鍋底が焦げつかないように混ぜる。液体がはねることがあるので注意）。

② 火を止め、Aを加えてよく混ぜる。保存容器にごま油（分量外）を薄く塗り、**1**が熱いうちに流し入れる。表面にぴったりとラップを貼りつけ、常温において冷ます。粗熱が取れたら冷蔵庫に入れ、ひと晩おく。

③ しっかりかたまったら食べやすい大きさに切ってボウルに入れ、春菊とBを加えてあえる。

いつも、
私を助けてくれるものたち

仕事と家事、育児に追われる毎日を過ごしているので、「買い物に行けなかった！」「今日の晩ごはんはどうしよう？」といったことは日常茶飯事。そんなときに私を助けてくれる、心強いフードストックをご紹介します。あるものでチャチャッと作っても、さみしい気持ちにならないし、むしろ「作っておいてえらい！」と、過去の自分をほめたくなるものたちです。

使いきれない野菜は、干したり、漬けたり

つるしておけるざるやカバーつきの干しかごがあると便利。竹ざるは野菜がくっつきやすいので、オーブンシートを敷き、ときどき返しながら干すようにします。

料理教室をしていると、つねに大量の食材を仕入れるので、いつでも野菜が余りぎみのわが家。「冷蔵庫に収まりそうにない」「中途半端な量が余ってしまった」。そんなときは、迷わず「干す」一択です。生徒さんたちにも「干して悪いことはひとつもなし！」と、ことあるごとに力説しています。

干すと水分がほどよく抜け、味わいがぎゅっと濃くなるし、生とは違った食感が楽しめます。かさも減るからたっぷり食べられて、干し終わったあとに容器に入れて冷蔵保存すれば、生より日持ちします。そしてもちろん、サラダにナムル、炒めものに煮もの、スープにと、とにかくいろんな料理に応用ができるのです。

たとえば大根。1本買うとたいていは、持て余してしまうのではないでしょうか？　日本でも切り干し大根がおなじみですが、市販品は保存性を高めるためにカラカラになるまで干されています。けれど自家製の干し大根なら、半干しにするなど、水分の飛ばし具合も自分の好みで調整できます。

私は手でさわってみたとき、少し中の水分が感じられて、ひんやりするくらいの干し加減が好み。コリコリと心地いい歯ごたえと、生にはない濃い味わい。これが煮汁や調味料を吸って、少しふっくらもどるのもいい。

野菜だけでなく、きのこ類やくだものも干してみましょう。「これを干したらどうかな？」と実験感覚で楽しむように続けてみると、きっと新しいおいしさに出会えるはずです。

こちらは赤大根を干したもの。赤い色素がきゅっと凝縮され、色合いもきれい。大根はカットの仕方によって食感が変わるので、いろんな切り方を試してみて。

干し大根の梅煮

紹介するのが少しお恥ずかしいのですが「ナレ流和食」の一品です。残った煮汁は炊き込みごはんにするとおいしい。これを作ったら、そこまでがセットなのです。

材料（作りやすい分量）

干し大根（☆）…70g

A
- かつおだし（↓p.6参照）…1と½カップ
- 梅干し…1個（20g）

作り方

① 鍋に干し大根、Aを入れて中火にかける。煮立ったら弱めの中火にし、落としぶたをして10〜15分煮る。

☆干し大根（作りやすい分量）

大根（写真は赤大根）⅓本は4〜5mm厚さの薄切りにする。ざるに重ならないように並べ、1日半ほど天日干しにする。

・豚肉といっしょに炒めものにしたり、ゆでた青菜と合わせてナムルに。

半干し大根のサラダ

厚めに切って干すと、乾いた部分と水分が残ってじゅわっとした部分、両方が口の中で入り交じって楽しい。鍋料理の箸休めや、お酒のアテにもおすすめです。

材料（2人分）

半干し大根（✩）…200g
パクチー（ざく切り）…適量
塩…小さじ1/4
A しょうゆ…大さじ1
　アガベシロップ・酢…各大さじ1/2
　唐辛子粉…適量

作り方

① ボウルに半干し大根と塩を入れて混ぜ、15〜20分おく。水けが出たら軽く絞る。
② Aを加えてよく混ぜる。10分ほどおいて味をなじませ、器に盛り、パクチーをのせる。

✩半干し大根（作りやすい分量）

大根1/3本は皮をむき、1cmの角切りにする。ざるに並べ、1日半ほど天日干しにする。
・サラダに加えるほか、酢じょうゆと混ぜ、即席の漬けものに。

干しりんごと青菜のナムル
干し菊いものチャンアチ
干しきゅうりのチャンアチ

（1）干しりんごと青菜のナムル

材料（作りやすい分量）

りんご…1/4個
青菜（小松菜、かつお菜など）…200g
A
- えごま油…適量
- 塩しょうが（→p.92参照）…小さじ1/2
- 塩…適量

白いりごま…少々

作り方

① りんご（写真は青りんご）は皮つきのまま芯を除き、横5mm幅の薄切りにする。ざるに並べ、1日半ほど天日干しにする。
② 青菜は熱湯で30秒ほどゆで、ざるにあげてそのまま冷ます。水けをしっかり絞り、食べやすい長さに切る。
③ ボウルに**1**、**2**、Aを合わせてよく混ぜる。器に盛り、白ごまをふる。

（2）干し菊いものチャンアチ

材料（作りやすい分量）

菊いも…350〜400g
A
- しょうゆ…1/2カップ
- きび砂糖…100g
- 酢…1カップ
- 水…1カップ

作り方

① 菊いもは皮つきのまま5mm幅の薄切りにする。ざるに並べ、1日半ほど天日干しにする。
② 鍋にAを入れて煮立たせ、火を止めてそのまま冷ます。
③ 保存容器に**1**、**2**を合わせ、表面にぴったりとラップを貼りつけてふたをし、冷蔵庫で保存する。3日後から食べられる。

（3）干しきゅうりのチャンアチ

材料（作りやすい分量）

きゅうり…3本
ゆずこしょう…小さじ2
A
- しょうゆ…1/4カップ
- きび砂糖…50g
- 酢…1/2カップ
- 水…80ml

作り方

① きゅうりは5mm幅の小口切りにする。ざるに並べ、1日ほど天日干しにする。
② 鍋にAを入れて煮立たせ、火を止めてそのまま冷ます。
③ 保存容器に**1**、**2**、ゆずこしょうを合わせてよく混ぜ、表面にぴったりラップを貼りつけてふたをし、冷蔵庫で保存する。3日後から食べられる。

干しりんごをナムルに入れると、ほどよい甘みや酸味が加わるので、余計な調味料を足さなくても、味が決まります。干し野菜ではよくチャンアチ（漬けもの）も仕込みます。ごはんのお供にはもちろん、参鶏湯（→p.32）のトッピングにも。

ふと、自分をほめたくなる冷蔵庫ストック

教室の生徒さんから「冷蔵庫を見せて！」と言われることも多いので、いつでも清潔・整頓を心掛けます。冷蔵庫は「これがあるから大丈夫」、そう思える存在です。

女性って、自分のクローゼットをきれいに整えておくと、自己肯定感が上がりますよね。お気に入りの服や小物が美しく整理整頓されていると、気分がいい。私にとって冷蔵庫は、それと同じような存在です。

辣油（→p.59）や梅みそ（→p.93）など手作りの調味料、乾物を漬けた水だし（→p.6）、季節の素材を仕込んだキムチやチャンアチ。それに「いつでも料理できるように」とスタンバイさせた、塩水漬けの鶏肉（→p.90）や水漬け保存したトック（→p.91）。それらをいつも、定位置に収めています。

時間がない日も、忙しくてクタクタな日も、冷蔵庫にあるものを活用すれば、なんとか家族のためのごはんだけでも作れるように。いつでもそんな状態にしているのです。

これを言うとよく驚かれるのですが、私は食材の買い物をするたびに、冷蔵庫に入っているものをいったんすべて出して、拭き掃除をし、中にあるものをチェックしてから収めるようにしています。料理中もふきん片手に、開けるたびに気になる汚れをさっと拭いて。

こまめに掃除すれば汚れもたまりません。なにがどこにあるか一目瞭然に、突然届いた食材や、料理が残った鍋をさっと入れられるように、空間には必ず余白を設けておくのもポイントです。

食べものは自分の健康、ひいては自分の幸せにつながるものですよね。冷蔵庫をいつでも「ここに福あり」という状態にしておくことが、私にとって大切なこだわりなのです。

鶏肉の塩水漬け

鶏肉を塩水に漬けておくと、下味がつくだけでなく、しっとり、弾力のある肉質に変化します。生の状態より日持ちもするので、私は買ったらすぐ漬けるようにしています。

材料（作りやすい分量）

鶏むね肉…1枚

A　水…500㎖
　　塩…15g（水の重量の3％）

作り方

①保存容器に鶏肉を入れ、よく混ぜ溶かしたAを注ぐ（肉全体がしっかりひたっているようにする）。表面に厚手のキッチンペーパーをかぶせてふたをし、冷蔵庫で保存する。

・翌日から使え、6日目までに使いきる（塩水はかえなくてよい）。3〜4日後が肉がやわらかくなっておいしい。

・同様に鶏手羽先や豚かたまり肉400gも塩水漬けにして保存できる。

・「参鶏湯」（→p.32参照）で使うほか、せいろで蒸したりゆで鶏にして、「にらジャン」（→p.92参照）をかけても。

トックの水漬け保存

日本ではおもちはお正月に食べるものですが、韓国のトックはもっと日常的。水に漬けておくとすぐに火が入るので、朝食のスープや鍋料理にさっと使えます。

保存容器にトック1袋（500g）を入れ、たっぷりの水を注ぎ、冷蔵庫で保存する。毎日水をかえれば、1か月ほど日持ちする。「すくって食べるトッポッキ」（→p.29）に入れるほか、鍋の〆に加えても。

にらジャン
塩しょうが

いたみやすいにらは、料理で余ったらすぐにカットしてジャンにしてしまいます。しょうがも冷蔵庫で持て余す人が多いようですが、塩しょうがにしておくと日持ちがするし、発酵調味料として幅広く使えます。

にらジャン

材料（作りやすい分量）

にら…80g
しょうゆ…大さじ4
アガベシロップ…大さじ2
ごま油・酢…各大さじ1

作り方

① にらは5㎜幅に切る。保存容器にすべての材料を入れてよく混ぜ、ふたをして冷蔵庫で保存する。

・冷蔵で3日ほど保存可能→蒸し鶏や蒸し豚のトッピングに。目玉焼きといっしょに炊きたてのごはんにのせても。

塩しょうが

材料（作りやすい分量）

しょうが…150g
塩…18g（しょうがの重量の12%）

作り方

① しょうがはフードプロセッサーで攪拌してペースト状にする。

② 保存容器に1と塩を入れ、よく混ぜる。表面にラップをぴったりと貼りつけてふたをし、冷蔵庫で保存する。

・冷蔵で約半年保存可能→カリッと焼いた厚揚げにのせたり、豚肉のしょうが焼きに活用してもおいしい。

梅コチュジャン
梅みそ

梅シロップは市販品もありますが、私は毎年必ず、梅の季節に手作りしています。でき上がったシロップと余った梅で、さらに料理に手軽に使える調味料2種をご紹介。梅の風味が加わることで、味に奥行きが生まれます。

梅コチュジャン

材料（作りやすい分量）

コチュジャン…３００g

梅シロップ…60g（コチュジャンの重量の20%）

作り方

① 保存容器にコチュジャンと梅シロップを入れてよく混ぜる。ふたをし、冷蔵庫で保存する。

・冷蔵で1年ほど保存可能→普通のコチュジャンの代わりに、炒めものやあえもの、チゲなどに加えて。

梅みそ

材料（作りやすい分量）

米みそ（日本のもの）…80g

梅シロップを漬けたあとの梅（☆）…50g

作り方

① 梅は包丁で細かく刻むか、ミキサーにかけて細かくする。

② ボウルにみそ、**1**を入れてよく混ぜる。保存容器に入れ、ふたをして冷蔵庫で保存する。

・冷蔵で2か月ほど保存可能→スティック野菜に添えたり、白身魚のトッピングに。手巻き寿司にもおすすめ。

☆自家製梅シロップ（作りやすい分量）

青梅は切り込みを入れて種を取り除き、梅の重量の80%のきび砂糖をまぶし、保存瓶に入れる。表面にぴったりとラップを貼りつけてふたをし、冷暗所に1か月以上おく。3か月目くらいから使用でき、さらに熟成させるとまろやかな味わいに。

韓国の食材と調味料のこと

少し前まで専門店に行かないと買えなかった韓国の食材や調味料も、オンラインショップの普及でずいぶん入手しやすくなりました。日本の調味料で代用できるものもありますが、せっかくなので試してもらえたら、料理の新しい扉が開くのではないかと思います。

日本製と比べて、韓国の唐辛子粉（左ページ・1）は辛さの奥にほんのりと甘みやうまみがあります。私は「辛い料理こそ、うまみが大事」と思っているので、やはり韓国製が欠かせません。粗びきと細びきがありますが、迷ったら粗びきを購入し、必要に応じてミキサーにかけて使うのも手です。

韓国みそ（テンジャン・2）は、日本のみそと違い、麹が入らないので甘みが少なくキリッとした味。日本のみそ汁は「煮えばな」というように長く煮ることは少ないですが、韓国みそは煮込むほど風味が増す特徴があります。

油は、主にごま油（7）とえごま油（8）を使い分けています。韓国のごま油は、日本のものよりコクと香りが強く濃厚。料理の仕上げに使うと、風味が際立ちます。えごま油はあっさりとした風味で、炒めものやスープなど、火を通す料理に使うことが多いです。

料理に甘みを加えるとうまみも増し、まろやかな味わいになりますが、私がよく、砂糖の代わりに使うのが、アガベシロップ（6）と梅シロップ（10）。アガベシロップはほんの少量で甘みが決まり、梅シロップは甘さ以外に香りや風味も加わり、深みのある味に仕上がります。

右／わが家の魚醤たち。それぞれ風味が違うので、料理によって使い分けています。左／使用頻度の高い塩は、ふたつきの器に入れてつねに取り出しやすい場所に。ここは私のお気に入りゾーン。

基本となる調味料

3

2

1

5

7

6

4

8

10

9

11

(1) 唐辛子粉（→p.56）
(2) 韓国みそ（テンジャン）
(3) えごま粉（→p.54）
(4) 魚醤（→p.62）
(5) コチュジャン（→p.52）
(6) アガベシロップ
(7) ごま油
(8) えごま油
(9) ゆず茶（→p.60）
(10) 梅シロップ
(11) なつめ（乾燥 →p.64）

この料理のために常備しているもの

1

2
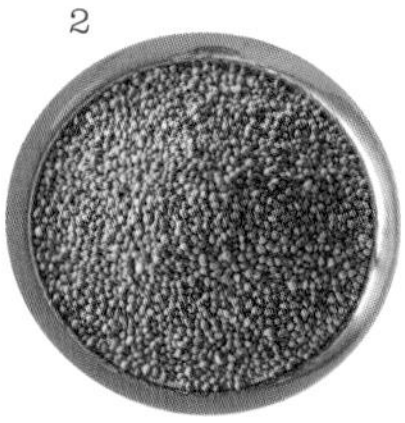

3

4

(1) 韓国のり（フレークタイプ →p.19 豆もやしの辛いプルコギと〆の焼きめし）
(2) えごまの実（→p.38 魚のユッケ風）
(3) 牛骨スープ（→p.43 きのこ鍋）
(4) どんぐり粉（→p.80 どんぐりムック）

キム・ナレ

料理家。韓国・仁川出身。野菜料理がおいしい韓国・大邱出身の母の味と、祖父の出身地である北朝鮮の、辛みがなく淡泊ながらも深い味わいが、自身のルーツ。おおらかさと清らかなおいしさが同居する料理は、見た目にも美しいと評判。東京都内で主宰する料理教室では、伝統的な韓国の味をもとに、日本の家庭でも再現しやすい韓国料理や創作料理を教えている。
Instagram @narekim

アートディレクション・デザイン　吉田昌平（白い立体）
デザイン　水野沙耶（白い立体）
撮影　宮濱祐美子
スタイリング　西崎弥沙
取材　田中のり子
調理アシスタント　上釜千晶、片岡侑里
校閲　滄流社
編集　山村奈央子

あたらしい韓国料理

著　者　キム・ナレ
編集人　足立昭子
発行人　倉次辰男
発行所　株式会社主婦と生活社
〒１０４-８３５７　東京都中央区京橋３-５-７
tel:０３-３５６３-５３２１（編集部）
tel:０３-３５６３-５１２１（販売部）
tel:０３-３５６３-５１２５（生産部）
https://www.shufu.co.jp
ryourinohon@mb.shufu.co.jp
製版所　東京カラーフォト・プロセス株式会社
印刷所　ＴＯＰＰＡＮ株式会社
製本所　共同製本株式会社
ISBN978-4-391-16177-9